# SANNOIS

PAR

## M. LEFEUVE

Prix : 1 fr. 10 cent.

SANNOIS

—

1866

Les Notices historiques et descriptives écrites sur les environs de Paris par M. Lefeuve, auteur des *Anciennes Maisons de Paris sous Napoléon III*, se publient en brochures du même format et sur le même papier que la présente brochure. Le prix en varie selon l'importance du travail.

Les éditeurs de ce Recueil de Notices se proposent de l'étendre à tous les environs de Paris, dans un rayon de 75 kilomètres.

Voici les communes déjà passées en revue par M. Lefeuve :

| | |
|---|---|
| MONTMORENCY | NAPOLÉON-SAINT-LEU |
| DEUIL | SAINT-PRIX |
| ÉPINAY-SUR-SEINE | MONTLIGNON |
| MONTMAGNY | ANDILLY |
| GROSLAY | SOISY |
| SAINT-BRICE-SOUS-FORÊT | EAUBONNE |
| PISCOP | MARGENCY |
| DOMONT | LE PLESSIS-BOUCHARD |
| BOUFFÉMONT | PIERRELAYE |
| CHAUVRY | ERBLAY |
| BÉTHEMONT | FRANCONVILLE-LA-GARENNE |
| FRÉPILLON | SANNOIS |
| BESSANCOURT | ERMONT |
| TAVERNY | SAINT-GRATIEN |

ENGHIEN-LES-BAINS

Les souscripteurs reçoivent, franches de port dans tout l'Empire français, les Notices de M. Lefeuve sur les Environs de Paris.

*On souscrit en adressant le prix de la totalité de ces Notices*

En un mandat de **20** francs

A M. ERNEST BOURGES, IMPRIMEUR A FONTAINEBLEAU

( SEINE-ET-MARNE )

# SANNOIS

---

Les chemins sinueux qui embrassent horizontalement les pentes verticales de Sannois y contournent des figueries, des vignes et des moulins. Non-seulement vous dominez le bassin de Montmorency, en prenant pour observatoire la butte d'Orgemont, le point culminant dit Montrouillet; mais encore tout Paris vous apparaît derrière le Mont-Valérien et Montmartre; il ne tient même qu'à vos regards, quand ils ont plongé jusque-là, de se retourner du côté qui leur montre à la ronde Cormeilles-en-Parisis, Maisons-Laffitte, la forêt et le château de Saint-Germain, Mareil, Marly, Bougival, Argenteuil, et la Seine brochant sur le tout, comme une chaîne de soie passée et serpentant dans un tissu qui luit moins au soleil. La basilique de Saint-Denis, qui sert de porte monumentale à la Vallée de Montmorency, paraît s'élever à une distance égale des sommets de Sannois, de Montmorency, de Montmartre.

La grande route de Pontoise traverse le village. Les auberges n'y sont que trop nombreuses, et surtout depuis que Sannois est desservi par deux chemins de fer. Les filles d'auberge passent pourtant la nuit blanche à at-

tendre les bruyantes voitures des laitiers. Ils font halte,
quelques-uns pour changer d'attelage, mais tous pour
augmenter ou diminuer leur charge de boîtes rondes en
fer-blanc, et pour en comparer le contenu avec de l'eau-
de-vie, autre aliment liquide dit en Angleterre *crême de
France*. Quand leurs charrettes bien chargées résonnent
sur le pavé, par une nuit bien sombre, ne dirait-on pas
qu'on y traîne un convoi de prisonniers chargés de chaî-
nes ? Mais au retour, il fait jour, grand jour ; la soupe du
roulier trempait dans un pot brun, en attendant que, plus
légère en sa course, la voiture fît entendre, comme un
joyeux appel, le bruit de grelots produit par les boîtes à
lait vides.

L'habitant de Sannois, pour se rendre à Paris, choisit
sa ligne, selon qu'il veut descendre place Roubaix ou rue
Saint-Lazare. Le voyage circulaire que font faire en com-
mun les deux chemins de fer a pour milieu la station de
Sannois. Précieuse ressource que cette combinaison, au
point de vue même de la simple promenade! Les pari-
siens, qui marchent incessamment chez eux sur les con-
duits de leur gaz et de leurs égouts, ne peuvent plus res-
pirer un air qui ne s'en ressente pas qu'en sortant le plus
souvent possible de Paris.

Rarement il s'arrête un pur promeneur à la station
intermédiaire. On voit avec plaisir les beaux côteaux de
Sannois se dessiner dans le cadre d'une vitre de wagon ;
mais le wagon file. Cette colline offrirait de plus près
moins d'agréments que celle de Montmorency et que le
plat pays d'Enghien. Convient-il d'en vouloir aux orphéo-
nistes locaux ? En vérité, c'est déjà bien assez qu'ils
enchantent de temps à autre les membres honoraires de
l'Orphéon communal, au nombre desquels figurent
M. Beaucourt, le graveur, M. Billet, ancien agent de

change, M. de Colment, chef de division dans un ministère, M. Dumoustier, *idem*, M. Cochard, M. Debomme, M. Gillet, M. Jouault, M. Ledannois, MM. Lutzy, M. Levasseur, M. Pasquier, instituteur communal, M. Person, MM. Rozée, M. Vauconsant et M. Rétali, maire de la commune et médecin, qui vient de se faire bâtir une maison sur la grande route, du côté de Saint-Gratien. Le village est, en outre, le siége central d'une Société philanthropique, fondée en 1840 pour Sannois, Argenteuil, Cormeilles, Franconville et Montigny, et autorisée le 26 octobre 1841 par une décision ministérielle, mais depuis lors en concurrence avec d'autres Sociétés de secours mutuels érigées dans les localités voisines d'Argenteuil, chef-lieu d'un canton.

La petite église de Sannois était en fête l'année dernière à l'occasion du mariage du fils aîné de M. Clapisson, membre de l'Institut, qui depuis lors a cessé de vivre, avec M<sup>lle</sup> Valentine Billet. MM. de Saint-Georges et Camille Doucet, de l'Académie-française, assistaient le mari en qualité de témoins, et il y avait parmi les invités plusieurs autres membres de l'Institut, MM. Ambroise Thomas, Jouffroy et Beulé. Clapisson avait écrit pour la circonstance un *O Salutaris* à trois voix, avec accompagnement d'orgue, et un *Ave Maria* à quatre voix, sans accompagnement. Ces deux morceaux, fort bien chantés par des élèves du Conservatoire, prouvaient une aptitude élevée, à laquelle on ne s'attendait pas, de l'auteur de la *Fanchonnette* et du *Postillon de Mame Ablou* pour la musique religieuse. Après la messe, M. et M<sup>me</sup> Billet ont fait aux nombreux invités les honneurs du château dans lequel ils succédaient à la veuve du D<sup>r</sup> Magendie, et que depuis peu a acheté M. Léon Simon, médecin homœopathe, qui fait des livres.

Presque toutes les autres villas de l'endroit ont également changé de propriétaire depuis dix ans. M. Blondel, facteur de pianos, remplace M. Hefty; M. Loiseau est au lieu de M. Aumont; M. Hautier est aussi remplacé; M. Grenier succède à M. d'Hénin; M. de Colment, à M. Podatz, ancien notaire de Sannois, dont la charge est passée à M. René Lepinte; M. Mailliet, à M. Dairaux; M. Foucher, à M. Cocher; M<sup>me</sup> Aubert, au D<sup>r</sup> Picard. Tant et si bien que le bibliographe Paul Chéron et M. Féline se trouvent déjà les doyens de la bourgeoisie du village.

M. Blondel s'est rendu plus récemment acquéreur de deux maisons; elles font face à sa principale propriété, où il a eu pour devanciers le général Perrin-Solié, M<sup>lle</sup> Bégot et M. Brindeau, directeur du journal le *Messager*. La maison Mailliet donne, près la précédente, sur le chemin de la Folie, qui conduit à Cormeilles; elle appartenait avant à M. Dairaux, à M. Hénault, à M<sup>me</sup> Ladreu, à M. Viennot, directeur du *Corsaire*, et à l'illustre Boïeldieu. Ainsi Montmorency a eu Grétry, en même temps que Sannois Boïeldieu : les ouvrages de ces deux maîtres défraieraient au besoin les dix mille pianos de la Vallée de Montmorency, sans qu'ils eussent à sortir de ce qu'elle a vu naître de mélodie et d'harmonie. L'auteur de la *Dame Blanche* y occupait plus de logement que l'auteur de *Richard-Cœur-de-Lion*; mais les dépendances de sa propriété étaient moindres.

Le grand-oncle que nous avions à Sannois, M. Gastellier, était beaucoup moins riche que nos grands-oncles d'Eaubonne, mais catholiquement philosophe, libéralement légitimiste, chasseur l'hiver, flâneur l'été, et il faisait un peu, en toute saison, la partie du curé, qui se trouvait alors un ancien cuirassier de la garde. Les jardiniers de la maison de M<sup>me</sup> Ladreu, que l'oncle Gastellier habitait, étaient le père et la mère Gillet, qui avaient servi Boïel-dieu. Nous avons eu personnellement l'honneur de manger des omelettes au lard préparées par les mêmes mains qui en avaient fait revenir dans la même poêle pour le grand compositeur, friand de ce mets peu luxueux.

Le sieur Hénault et sa tendre moitié n'ont-ils pas fait de bien meilleures affaires dans les loisirs de la campagne que dans le temps où ils payaient patente en ville? M^me Hénault, maintenant veuve Le Mat, est dix fois plus riche que le jour où elle quittait son magasin de la rue du Bac, et on la défierait pourtant d'épouser un troisième mari moins fortuné que les deux autres.

L'art de se faire faire des cadeaux était moins perfectionné au XVII^e siècle. Le spirituel et savant Gui Patin, qui habita Sannois, représentait alors une exception en ce qu'on avait contracté l'habitude de mettre un louis sous sa serviette quand on l'invitait à dîner. Après tout, puisque la médecine compte ses visites, et les académies des jetons de présence, l'esprit qui court peut bien se mettre au cachet, sans déroger. Gui Patin, d'ailleurs, fut médecin, et il faut que les médecins vivent : on en voit moins la nécessité pour les gens de lettres. Quand mourut Gui Patin, on le regretta sans le plaindre, parce qu'il avait dit lui-même : — Je me consolerai facilement de quitter le monde où nous sommes, pourvu que je retrouve Aristote, Platon, Tacite, Virgile et Cicéron dans l'autre.

Le moulin de Montrouillet a été un observatoire pour le fameux Cassini ; les observations qu'il y a faites ont servi à l'établissement de sa carte par triangles. M. Duplat, ancien président à mortier au parlement de Pau, avait vers la même époque sa maison de campagne à Sannois. Le jardin du président faisait plaisir à voir ; les perspectives n'y manquaient pas ; mais l'élévation du sol y rendait difficile de former des pièces d'eau qui eussent ajouté aux agréments de la propriété.

Des souvenirs plus tristes se rattachent pour Sannois à l'année 1737. Une maladie endémique s'était déclarée tout-à-coup dans la Vallée, et particulièrement dans ce village-frontière, dont les habitants furent, au mois de janvier, en procession à Notre-Dame de Pontoise (1). Cette pieuse démarche n'obtint ni merci, ni trêve : le fléau ne perdait rien de son intensité, et soixante fois en un seul mois on prit le deuil à Sannois. Il paraît que les derniers moments de chaque victime étaient remplis par des alternatives de rires et de pleurs convulsifs. Appelé dès les premiers jours de l'invasion pestilentielle, le médecin Howard en avait fait l'objet d'un rapport à l'intendant de la généralité de Paris. Un officier du prince de Condé distribuait des secours aux pauvres. Tous les médicaments venaient de l'Hôtel-Dieu de Paris. Le zèle de M. Howard, dans ces circonstances désastreuses, n'avait d'égal que le dévouement du curé de Sannois. Un autre médecin, M. Bailly, aidait à son confrère : de leurs consultations il résulta que le mal était une fièvre vermineuse. M. Hunaud, médecin de l'Hôtel-Dieu, professeur au Jardin du Roi, membre de l'Académie des sciences, reçut de M. Howard sur cette fièvre vermineuse, quand elle eut fini de décimer la population du village, une lettre qui parut dans le *Mercure* (2).

Grétry, qui de vous l'ignore ? a contribué à la célébrité

---

(1) En fait de pélerinages, Pontoise reçoit et rend, sans jamais être en reste. Pour en avoir une idée il ne faut remonter qu'au 10 septembre 1866, date d'un pélerinage de Pontoise à Sannois, où, pendant la grand'-messe, un sermon était prononcé par M. l'abbé Dubois, curé-doyen de Magny.

(2) *Mercure de France*, mars 1737.

de l'Ermitage de Montmorency. Celui de Sannois est beaucoup moins connu. Ermite, bon ermite de l'endroit, n'avez-vous pas autrefois planté votre bourdon et déposé votre besace près du château du Mail, plus près encore de la fontaine Saint-Flaive, sur le point le plus pittoresque de la colline? Rien de plus constant que cette installation cénobitique; elle a entraîné un procès intenté à la requête de M. le grand-prieur de France, commandeur du Temple.

Père Séraphin de la Noue, ermite dit de l'Imitation-de-Saint-Antoine, se fixa, en revenant d'Italie, dans ce lieu déjà plein des grâces de la nature, pour implorer celles du ciel; elles ne lui firent pas longtemps faute, et assez d'aumônes se concentrèrent entre ses mains pour subvenir à la construction d'une chapelle. L'évêque de Paris ayant autorisé l'ermite à y dire la messe, les paysans et paysannes d'Ermont dominaient parmi ceux qui venaient s'y livrer à des exercices de dévotion. Qu'on juge de l'inquiétude causée soudain aux fidèles de l'ermite par cette nouvelle, que le terrain de la chapelle était revendiqué, comme faisant partie des dépendances de la seigneurie du Mail! Fallait-il que le fruit des aumônes tombât avant d'avoir mûri! La retraite du solitaire était surtout bénie à cause des pleurs qu'il avait déjà essuyés; mais toutes les prières qu'il devait appuyer n'étaient pas encore exaucées, et il n'avait pas moins promis de prudents avis pour les jours de prospérité que de consolations dans les mauvais. On mesurait d'avance le vide que l'anachorète laisserait derrière lui en prenant le bâton du voyage. On se demandait aussi où il trouverait une eau plus claire que celle du ruisseau de Saint-Flaive, où de plus rafraichissants ombrages que ceux du côteau de Sannois. Dans les beautés de la vue dont il y pouvait jouir, comment n'aurait-il pas trouvé autant d'empreintes de la bonté de Dieu ! Les innocentes douceurs de cette solitude, éloignée de la Thébaïde, étaient-elles donc incompatibles avec une vie détachée de tous les autres biens ? Mais les juges, quoi que l'on pût dire, n'avaient à débrouiller qu'une question de propriété. Ils ne séparèrent pas, pour la résoudre, l'ermite de son ermitage ; seulement ils reconnurent au grand-prieur un cens de 3 sols parisis et quelques dîmes, dus sur la chapelle et acquittables à la Saint-Martin dans son château seigneurial du Mail, et Séraphin de la Noue fut condamné à empêcher, au moyen d'une dérivation, que l'eau de la fontaine coulât dans son enclos, qui attenait à la chapelle. Le père put donc, après avoir passé dix-huit années à l'Ermitage, en transporter la propriété, avec les charges, à Hilarion Châtelain, fils de Jérôme Châtelain, secrétaire ordinaire de la chambre du roi, par acte du 29 août 1635 passé chez M⁰ Leroux, notaire.

Empruntons maintenant au registre terrier de frère Hugues de Rabutin-Bussy, chevalier de l'ordre de Saint-Jean-de-Jérusalem, grand-prieur de France, l'extrait qui suit :

8 mars, 1647 : Honorable homme Pierre Marmion, pourvoyeur de Mgr le duc de Vendôme, recognoit être détempteur et propriétaire d'une maison vulgairement appelée l'Ermitage de Fontaine-Saint-Flesne, bastiment, héritages et force menues pièces à l'entour, scis au terroir et en la paroisse de Sanoys, le tout au moïen de l'acquisition qu'il en a faicte par échange de Delle Marie Lequeux, femme tant en son nom que comme procuratrice d'Hillarion Chastelain, escuyer, lieutenant de la marine, et de Joseph Chastelain, gentilhomme du prince Eugène de Savoie. En contréchange desquels maison, héritages et pièces (dont un arpent de vigne est en la Censive de M. de Cernay et le reste en

Censive directe du Grand-Prieur) ledit Marmion a cesdé et transporté auxdits Lequeux et Chastelain 166 livres 13 sols 4 deniers de rente due et constituée par Christophe Marmion, son frère, maître rôtisseur à Paris, plus 1,000 livres tournois de soulte.

La chapelle de l'Ermitage devient celle d'un château de Cernay, à une époque où il y a déjà deux châteaux de ce nom. Le Grand-Cernay est sur le territoire d'Ermont; le Petit-Cernay sur Sannois. M. Prieur, sieur de Blainville, est vraisemblablement le créateur de celui-ci, sous la Régence : il paraît avoir ajouté aux 13 arpens de l'Ermitage, alors grevés d'une rente de 11 livres au profit du grand-prieur, et des arrérages de cette rente depuis trente ans, plusieurs arpens de bois dits en ce temps-là *Bois de M*<sup>me</sup> *Lélut*, mais achetés de M<sup>me</sup> Hardy, veuve de M. Gaillon, seigneur du Marchais, et relevant aussi du Mail. Lors de cette acquisition, le buisson de Montfra est un autre bois, voisin aussi des ruines de ce château du Mail dont la terre et la seigneurie ont été affermées en l'année 1689 par le duc de Vendôme, grand-prieur de France, à Claude Girault. Ledit bourgeois de Paris, se bornait toutefois, dans le commencement, à cautionner l'exécution d'un bail fait à Jean Chambon, sieur de Gizay. Les moulins traditionnels dominent un bois de la Brosse, qui sépare du village de Sannois l'Ermitage. On appelle bois des Gouttes celui qu'on rencontre à mi-chemin entre Sannois et Saint-Gratien. Il y a, de plus, un bois Belle-Arme, entre celui des Gouttes et le hameau de Cernay, qu'on qualifie village, écart d'Ermont.

Faut-il nous étonner que deux châteaux de Cernay fussent issus de l'ancien château du Mail? Il ne restait déjà plus de l'hôtel seigneurial du fief qu'une masure du vivant de Bertrand Pelloquin. Ce grand-prieur avait fait saisir deux fois de suite, sous Henri IV, les récoltes pendantes sur la terre du Mail, qui mesurait 153 arpens, dont 40 produisant des grains, 70 plantés de vignes et le reste en friche, tenant le tout du côté d'Argenteuil au chemin bordant le terroir des Rosiers, du côté de Franconville-la-Garenne et de Cernay au carrefour des Aubaines, du côté de Sannois enfin aux Vieilles-Aubaines par un bout, au bois de Montfra et aux vaines pâtures d'Argenteuil par l'autre bout. Le nombre des censitaires du fief s'élevait encore, plus d'un siècle après, à quatre-vingt-cinq, sans compter les réfractaires. La mort d'une dame, née Anne de Rueil, avait seule apporté un terme définitif, le 30 juin 1623, au bail que le grand-prieur Émery d'Amboise avait consenti pour trois générations le 20 juin 1494 à Jean de Rueil, auditeur des causes au Châtelet, ainsi qu'à Jeanne de Neuville, sa femme. C'est donc en vain que M. de Guerchy, l'un des successeurs d'Émery d'Amboise, avait reçu d'Antoine de la Faye, tant en son nom qu'au nom de sa femme, Anne de Rueil, et de ses beaux-frères, Jacob et Jean de Rueil, tous trois petits-enfants du magistrat, un acte signé le 16 juillet 1603 pour renoncer *à tous droits de fermage sur ledit domaine, scis et assis entre les paroisses d'Argenteuil, Cormeilles et Sanois, près du chemin de Paris à Pontoise par Argenteuil et du chemin qui va de Sanois à Franconville et à la Garenne, aboutissant d'un bout au long du bois de Meslay et aux pastures de Franconville, d'autre bout aux usages de Sanois.* Dés lots de même provenance avaient aussi fait retour, dès le règne de Louis XIII, à Alexandre de Vendôme, frère naturel de ce roi, commandeur du Temple et grand-prieur, les uns du consentement des tenanciers et les autres par autorité de justice. Mais le fait est qu'on avait pillé vers 1500 le château du Mail, tout membre qu'il fût de la commanderie. Les bourgeois craignaient depuis lors d'y résider, bien que les malfaiteurs eussent été pendus et étranglés devant la porte. Aussi M⁰ Simon Chenu, notaire au Châtelet de Paris, était-il devenu par une emphytéose nouvelle sous-locataire du manoir, du moulin, des terres et du droit de justice, pour en diviser la jouissance originairement indivisible. Est-ce que le prieur de Malte et de Jérusalem n'avait pas fait de l'unité d'usage une clause du bail datée du 6 juin 1478 ? A cette date on nommait aussi *ferme auxerroise* le château déjà trop modeste pour résister à un coup de main, mais pas encore assez pour ne plus exciter de convoitises dangereuses. Au reste, le tenancier fût condamné, en 1534, à faire pour 400 livres tournois de réparations.

Nul n'allait encore jusqu'à dire que toutes les aliénations partielles du fief, émanassent-elles du grand-prieur lui-même, étaient nulles. Toutefois cette terre ne provenait-elle pas, en effet, de l'ordre de Malte, dont les statuts prohibaient toute aliénation, et dont les privilèges empêchaient qu'on pût jamais lui opposer la prescription ? Telles furent les prétentions exposées par l'abbé de Torcy, quand il représenta le grand-prieur, en 1690, contre les sieurs Prieur père et fils, déjà propriétaires de l'Ermitage.

Le Temple vraisemblablement n'eut pas gain de cause. Le domaine utile de la seigneurie du Mail consistait à peu près en 76 arpens de terres, de vignes, d'oseraies et de bois, le 28 février 1728, date à laquelle Robert Grindel, bourgeois de Paris, en devint le fermier pour neuf ans, moyennant 400 francs de loyer. L'acte y relatif était passé sous le grand-priorat du chevalier d'Orléans, représenté par Antoine Le Feuve, chevalier-profès de l'ordre de Saint-

Jean-de-Jérusalem, commandeur d'Auxerre, fils d'un conseiller à la cour des aides ; le notaire y avait ajouté à l'énumération desdites terres ces mots : « avec droits seigneuriaux et censives si aucuns y a. » Le titulaire d'un autre bail, fait pour le même nombre d'années le 23 janvier 1741, était Antoine Guérin, vigneron à Sannois ; mais il donna en sous-location ce qui restait des terres, excepté 7 arpens qu'il exploita lui-même. Le Petit-Cernay, qui appartenait alors à M. Nègre, lieutenant-criminel, comportait-il un seul pouce de terrain qui ne fût de la même origine ? Plus tard cette propriété passait à Audinot, directeur du théâtre de l'Ambigu-Comique.

Audinot avait commencé, étant très-jeune, par donner en spectacle des marionnettes ; ensuite il avait fait jouer ses pièces par des enfants, et lorsque ces enfants étaient devenus des hommes, il leur avait retiré la parole, pour ajouter la pantomime aux autres genres qu'il abordait. L'Ambigu s'appelait d'abord théâtre des *Grands Danseurs du Roi :* Audinot y fit sa petite fortune. Supplanté dans son privilège par Gaillard et Dorfeuille, le 1er janvier 1785, il se retira au Cernay de Sannois. Trop de place qu'il donna d'abord dans son jardin à une faisanderie et à un temple antique, réduisirent le directeur de spectacle à des expédients de son métier pour le complément de son installation à la campagne. Force n'y avait-il pas pour Audinot d'appeler à son aide la brosse du décorateur, qui ne lui refusa sur un petit espace ni des cascades, ni des rochers, ni des pagodes, ni la mer ? Chaque fois qu'li recevait la visite d'un des auteurs auxquels il devait tout, c'est après souper qu'il lui faisait faire le tour de son domaine, et par conséquent aux flambeaux. Le pauvre diable d'écrivain s'en allait persuadé, grâce à l'illusion des décors, et aux mirages aussi produits par une cave qui ne devait rien au trompe-l'œil, que les pièces dues à sa plume avaient rapporté toutes les richesses du Pérou à l'orgueilleux *impressario*.

Audinot mourut à Cernay. Les soins que sa jeune femme lui avait prodigués, durant la dernière maladie, n'étaient pas un médiocre sujet d'admiration pour le médecin, mieux que tout autre à portée d'en apprécier le mérite. Combien de fois n'avait-elle pas rendu à ce vieillard, quand s'épuisaient ses forces, le désir et l'espoir de vivre ! Le médecin, quoique jeune dans la pratique, avait déja vu plus d'une femme prendre avant l'heure son parti du veuvage. La comparaison était si fort à l'avantage de M$^{me}$ Audinot qu'elle en fit l'année suivante M$^{me}$ Magendie.

Le second mari devint, comme chacun sait, un célèbre physiologiste, professeur au Collége de France, membre de l'Académie des sciences et commandeur de la Légion d'honneur. Sannois le vit à son tour succomber à une lente et cruelle maladie du cœur, le 7 octobre 1855, c'est-à-dire le jour même où il accomplissait sa soixante-douzième année. Le veuvage de M$^{me}$ Magendie dura encore dix fois plus que celui de M$^{me}$ Audinot.

*L'Annuaire* Firmin-Didot pour 1866 ne marque plus de château de Cernay à Sannois ; mais il rapporte à cette commune, peuplée de 2041 habitants, le château de « Crinont, » propriété de M. Panel, et le château de l'Ermitage, accolé au nom de M. Féline. Le fait est que M. Chevassu, rédacteur du *Constitutionnel*, a fondé vers 1815 une maison de campagne à l'Ermitage, dont jouit M. Féline.

Pendant qu'on élevait ce château, on en démolissait deux autres, dont l'un avait été habité par M$^{me}$ d'Houdetot.

Elisabeth-Françoise-Sophie de Lalive de Bellegarde, fille du fermier-général qui avait des terres à Épinay et lieux circonvoisins, épousa en 1748 le C^te d'Houdetot, un gentilhomme normand, qui mourut lieutenant-général dans un âge avancé ; elle avait apporté en dot 1,500,000 livres environ, et sa fortune est demeurée considérable, même pendant la Révolution. De bonne heure elle avait connu la Vallée de Montmorency, pour laquelle son affection s'est affirmée à Sannois autant qu'à Eaubonne. Mais le moyen de ne pas préférer à tous les endroits du monde ceux où l'on a connu l'amour ! La comtesse aurait pu prendre en grippe toute la terre si la condition rigoureuse pour inspirer de l'amour, eût été la beauté dont les arts plastiques donnent les types. Mais les grâces de sa personne augmentaient avec l'attention qu'on y prêtait, et l'aimer véritablement ce n'était pas la trouver tout-à-fait jolie, c'était la rendre telle qu'on la voulait. Si l'amour ne rendait jamais de pareils services, combien de vilaines gens des deux sexes ne feraient qu'ébaucher sa connaissance ! M^me d'Houdetot écrivait avec facilité, surtout en vers, sans être comme sa belle-sœur, la M^lse d'Epinay, une des rivales avouées de M^me de Genlis. Faut-il pourtant se plaindre qu'elle n'ait jamais permis de donner de la publicité à ses écrits ? Si les femmes employaient, malheureusement pour nous, tout leur esprit à brocher des vaudevilles, tout ce qu'elles ont de sentiment à brocher des romans, que leur resterait-il à prodiguer personnellement quand elles veulent se faire adorer ? La vie eût paru une prison à la C^sse d'Houdetot, sans cet affranchissement de l'âme qu'on appelle de nos jours la poésie, mais qui n'implique plus la versification. L'amour de cette dame pour Saint-Lambert n'a duré cinquante ans que parcequ'elle était au fond plus poète que lui ; il a tiré de cet amour à l'épreuve d'un demi-siècle plus d'avantage pour sa réputation que du poème des *Saisons*.

La comtesse habitait Sannois lorsqu'elle reçut le manuscrit de la *Nouvelle Héloïse*, qui venait de Montmorency. Jean-Jacques lui avait rendu précédemment de mémorables visites à Eaubonne ; elle y est retournée dans sa vieillesse, pour recevoir M. de Sommariva, dont l'amitié *in extremis* s'est efforcée de combler près d'elle un si grand vide qu'il passe pour son dernier amant. Le parc de M^me d'Houdetot, à Sannois tout comme à Eaubonne, avait sa galerie de grands hommes littéraires, dont chaque buste se dressait au point de rencontre de deux allées. Jean-Jacques Rousseau et Saint-Lambert avaient leurs places dans ce musée à ciel ouvert. Une niche, pratiquée dans un mur, abritait au milieu d'un petit bois, à Sannois, un monument à la gloire de Voltaire, non loin d'un arbre planté de la main de Franklin.

M. d'Houdetot fils, qui a été longtemps prisonnier en Angleterre, y recevait de sa mère un louis par jour.

Une autre M^me d'Houdetot est venue mourir jeune à Sannois, chez sa belle-mère, qui l'aimait comme ses propres enfants. Il a paru des vers de sa composition qui en rappellent d'autres de Millevoye. De trop bonne heure une maladie de poitrine avait fait pressentir à la belle-fille de la comtesse une fin prématurée ; elle comptait donc ses jours par les progrès d'un mal incurable. Obligée de garder la maison, à Sannois, elle en fit les honneurs quand même ; le monde la suivait jusque-là, et les affections les plus sincères d'un monde semblable sont toujours dues à un charme qu'il subit. Dans ses moments de calme, la belle-fille paraissait presque aussi jeune,

presque aussi naturellement gaie que la belle-mère ; mais
aussi la mélancolie avait ses heures, et ce mal-là était si
contagieux que personne, en présence de la jeune femme
si affaiblie et si découragée, ne pouvait retenir ses larmes.
— Qu'avez-vous, lui demandait-on ? — Je me regrette,
répondait-elle.

La châtelaine, au contraire, n'eut presque pas de vieillesse. Elle s'éteignit, sans agonie, le 28 janvier 1813,
après avoir vu fleurir quatre-vingt-trois fois le lilas et le
chèvrefeuille. On eût dit qu'en rendant le dernier soupir
elle respirait un reste des parfums du bosquet de lilas qui
avait été un beau jour improvisé, pour lui souhaiter sa fête,
dans le jardin de Saint-Lambert, à Eaubonne.

Le château d'Houdetot, à Sannois, avait sur la grande
route son entrée, à l'endroit où tombe la rue Vauconsant.
Les communs en survivent et sont l'habitation de M^{me} Gillet. Un terrain de 12 arpens en face appartenait aussi à
la comtesse : il se divise aujourd'hui en plusieurs pro-
priétés. Près de la maison Gillet il y a celle Rozée, qui fut
à maître Ruelle, bailli de Sannois.

On retrouve aussi quelque chose de l'ancien château
seigneurial de l'endroit, qui fut jeté bas vers le même
temps que celui de la C^{sse} d'Houdetot, après avoir appartenu sous l'Empire au B^{on} Locré, secrétaire-général du
Conseil-d'Etat. Cherchez ces restes dans la rue de la
Borne, au fond de l'impasse du Château, près de la maison
Foucher.

Pierre du Comboust de Coislin, prieur d'Argenteuil et
seigneur de Sannois, a cédé en l'année 1664 au prince
de Condé, duc d'Enghien, la seigneurie de Sannois, avec
justice haute et basse, avec les autres droits seigneuriaux
et avec des censives, notamment *sur le fief appartenant à
M. Salot*, plus le bois de Montfra et quelque autre bien, en

échange de fonds de terre qui rapportaient par année 300
livres. Pierre le Musnier, seigneur de Rubelle, venait de
donner au prince lesdits fonds de terre pour la seigneurie
de Saint-Prix et les avantages y attachés. Mais les droits
aliénés par le suzerain à Saint-Prix n'égalant pas en éten-
due ceux qu'il acquérait à Sannois, la différence était le
bénéfice qu'il tirait du double échange. Le fief des Cen-
sives-de-Sannois et celui de la Mairie-de-Sannois n'ont pu
comporter que basse-justice.

Michel Pénelle, écuyer, exempt des gardes de Monsieur,
frère du roi, était seigneur des fiefs Hugo et du Grand-
Hôtel à Sannois, alors que Louis XIII convertissait le
duché de Montmorency en duché-pairie d'Enghien au
profit des Condés. Le Hugo de Sannois relevait d'un plus
grand fief du même nom, assis à Saint-Brice, et il confi-
nait au Grand-Hôtel, là où s'élève l'église de la commune.
Le Grand-Hôtel, du reste, reposait sur Saint-Gratien et
sur Sannois. Philippe de Braque, conseiller au parlement,
avait le Petit-Hugo en l'année 1443. L'un de ses prédécesseurs fut Henri, chez lequel Burchard tint une assem-
blée solennelle en 1177. Il y eut aussi un fief réservé à la
grand'chantrerie de Notre-Dame, sans compter des droits
de cens et d'autres, maintenus jusqu'à la Révolution au
chapitre de la même cathédrale. Odon de Sannois, écuyer,
fut l'un des bienfaiteurs de l'abbaye du Val, voisine de
l'Isle-Adam.

La Coutume de Paris, dès 1580, qualifiait seigneurs de
Sannois les religieux d'Argenteuil, qui passent pour avoir
succédé en cette qualité aux rois de la seconde ou de la
première race. Le château du Mail ne fut donné en fief
par la Couronne aux Templiers qu'après avoir été une
résidence royale, dans laquelle on battait monnaie. Sannois n'en figurait pas moins dès le XIV<sup>e</sup> siècle, comme

arrière-fief, sur les papiers terriers de la baronnie de Montmorency. L'abbé Suger appelait ce village *Centino-dium*. L'étymologie vraisemblable du nom est *centum nuces*, Cent-Noix.

L'origine gothique de l'église, qui s'élève à mi-côte, ne l'autoriserait pas à afficher des prétenfions monumentales. Tout ce que l'année 1507 en vit dédier à saint Pierre et à saint Blaise n'a pas été détruit par les occupations à main armée du temps de la Ligue et de la Fronde. Mais une restauration complète de l'édifice était devenue indispensable. Un sacrilége y fut commis, ainsi que le constate un écrit intitulé : *Récit véritable de l'attentat fait sur le précieux corps de N.-S. Jésus-Christ le 24 mai 1649 en l'église de Sanois* (1). Cet outrage, dont Gui Patin était témoin, avait pour auteur un laquais, qui s'efforçait d'arracher une hostie des mains du curé officiant.

La présentation à la cure avait appartenu à l'évêque de Paris, avant de passer au prieur d'Argenteuil ; elle fit ensuite retour au chef du diocèse. L'archevêque était pleinement collateur, d'après une déclaration faite le 12 décembre 1728 par le curé, M. François Dutot, qui établissait le bilan annuel de son église comme il suit :

Revenu : 1569 livres. A donner au vicaire : 250. Reste : 1319.

Dans ce compte-là entrait sans doute la dîme. Elle était perçue sur le pied de 5 sols par arpent sur les terres du prieur d'Argenteuil, du grand'chantre de Notre-Dame et du grand-prieur de France.

M. Antoine Daire, curé du même lieu, arrêtait le 19 décembre 1756 un état de situation qui peut servir de

(1) Deux pièces in-4°, imprimerie de Targa, à Paris.

complément aux renseignements que nous tenons déjà de François Dutot, l'un de ses prédécesseurs :

Les bénédictins d'Argenteuils ont gros-décimateurs de la paroisse sur le territoire de laquelle on compte environ 150 feux. La mesure d'Argenteuil, inférieure de six boisseaux par muid à celle de Paris, sert à mesurer le grain du gros de la cure. Le blé méteil (1) est estimé 10 francs le setier; l'orge, 100 sols le setier; le vin, 30 livres le muid. La cure avait pour domaine à peu près 28 arpens de terre ; mais deux curés, l'un en 1640, l'autre en 1660, ont donné ces terres à rente non rachetable; depuis lors les déclarations ont fait défaut et le nouveau curé ne connait plus que 25 arpens environ, affermés à plus de 40 habitants.

Sannois est, aprés Franconville-la-Garenne, le premier village des environs de Montmorency et d'Argenteuil qui ait réclamé l'assistance des sœurs de la Charité, instituées par saint Vincent-de-Paule, en acceptant les charges afférentes à leur installation et entretien.

(1) Froment et seigle mêlés.


FIN DE LA NOTICE SUR SANNOIS.

Fontainebleau. — Imp. E. Bourges.

www.ingramcontent.com/pod-product-compliance
Lightning Source LLC
Chambersburg PA
CBHW061832060726
47597CB00008B/3462